AF461422

PETIT MANUEL

A L'USAGE

DES COURS ET DES ÉCOLES DE MUSIQUE,

PAR

V. F. DESVIGNES ET H. DALMONT,

PROFESSEURS DE L'ÉCOLE MUNICIPALE DE MUSIQUE DE METZ.

4e ÉDITION.

A METZ,

CHEZ M. DESVIGNES, RUE DES CLERCS, N° 3.

1843.

PETIT MANUEL

A L'USAGE

DES COURS ET DES ÉCOLES DE MUSIQUE,

PAR

V. F. DESVIGNES ET H. DALMONT,

PROFESSEURS DE L'ÉCOLE MUNICIPALE DE MUSIQUE DE METZ.

PREMIÈRE LEÇON.

NOTIONS PRÉLIMINAIRES.

D. Qu'est-ce que la *musique?*

R. C'est l'art d'enchaîner et de combiner les *sons*.

D. Combien y a-t-il de sons primitifs dans la musique?

R. Il y en a sept, ou huit si l'on répète le premier.

D. Comment nomme-t-on cette répétition?

R. *Octave*.

D. Quels sont les noms que l'on donne à ces huit sons?

R. DO (1), RÉ (2), MI (3), FA (4), SOL (5), LA (6), SI (7), DO (8), (octave).

D. Que fait-on lorsque l'on chante ces huit sons?

R. On chante la *gamme*, de laquelle chacun de ces huit sons est un *degré*.

D. Comment nomme-t-on la distance qui sépare deux sons quelconques?

R. *Intervalle*.

D. Les sons ou degrés de la gamme sont-ils séparés par des intervalles égaux?

R. Non, l'intervalle qui a lieu du troisième au quatrième degré, et celui qui a lieu du septième au huitième degré, sont plus petits que les cinq autres.

D. Comment nomme-t-on les cinq grands intervalles?

R. On les nomme *tons*.

D. Où ont-ils lieu?

R. Du premier au deuxième, du deuxième au troisième, du quatrième au cinquième, du cinquième au sixième et du sixième au septième degré.

D. Comment nomme-t-on les deux petits intervalles qui ont lieu du troisième au quatrième et du septième au huitième degré?

R. On les nomme *demi-tons;* il y a donc dans la gamme cinq tons et deux demi-tons.

Exemple :

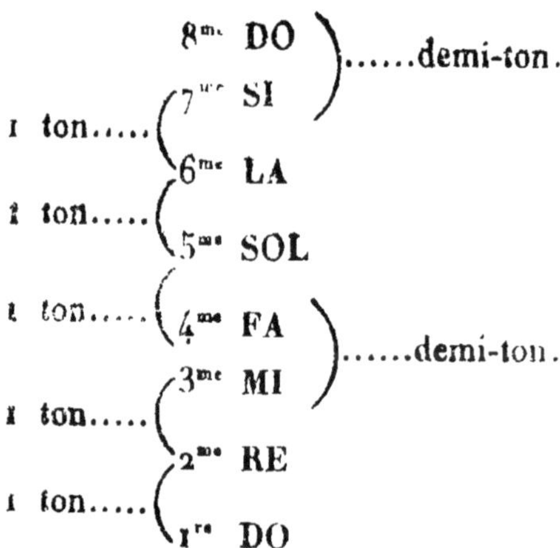

DEUXIÈME LEÇON.

DE LA PORTÉE.

D. Comment écrit-on la musique ?

R. Sur cinq lignes horizontales et parallèles.

Exemple :

D. Comment nomme-t-on l'ensemble de ces cinq lignes ?

R. Une *portée.*

D. Quelle est la première ligne de la portée ?

R. C'est celle d'en bas.

Exemple :

D. Comment représente-t-on les sons sur la porteé ?

R. Par des figures que l'on nomme *notes.*

Exemple .

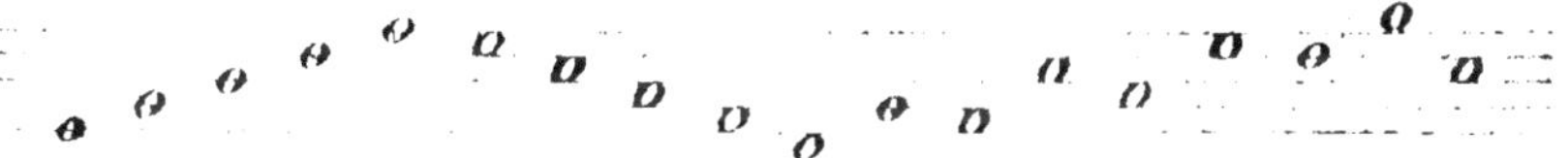

D. Écrit-on les notes sur les lignes de la portée seulement ?

R. Sur les lignes et entre les lignes.

D. Qu'est-ce qui détermine la position des notes sur la portée ?

R. Un signe que l'on nomme *clef.*

D. Existe-t-il plusieurs clefs ?

R. Oui, il y en a trois, savoir : la clef de *fa*, la clef de *do* et la clef de *sol*.

D. Comment la clef détermine-t-elle la position des notes sur la portée?

R. En donnant son nom aux notes qui sont sur la même ligne qu'elle.

Exemple :

D. Où la clef de *fa* se pose-t-elle ?

R. Sur la troisième et sur la quatrième ligne.

D. Qu'est-ce qui indique qu'elle est sur la troisième ou sur la quatrième ligne ?

R. Les deux points placés l'un au-dessus, l'autre au-dessous de l'une de ces lignes.

Exemple :

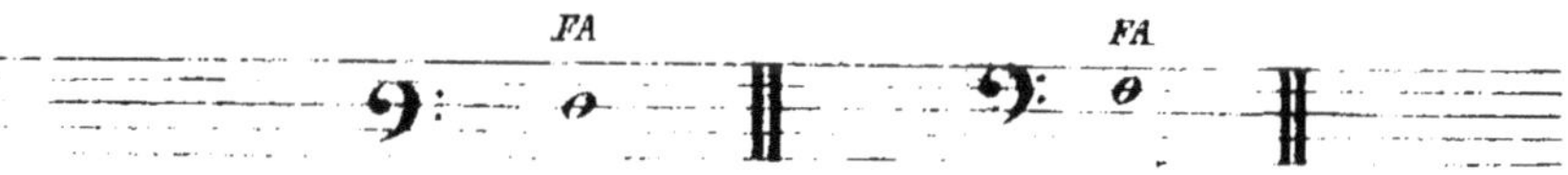

D. Sur quelle ligne la clef de *do* se place-t-elle ?

R. Sur la première, la deuxième, la troisième et la quatrième ligne.

D. Qu'est-ce qui désigne sur laquelle de ces lignes la clef de *do* est placée ?

R. Les deux petits bras placés l'un au-dessus, l'autre au-dessous de l'une de ces lignes.

Exemple :

D. Où la clef de *sol* se pose-t-elle ?

R. Sur la première et sur la seconde ligne.

D. Qu'est-ce qui indique sur laquelle de ces lignes la clef est placée?

R. Le petit crochet qui vient s'appuyer sur l'une ou l'autre de ces lignes.

Exemple :

D. Quelles sont les clefs les plus usitées ?

R. La clef de *fa* sur la quatrième ligne, la clef de *do* sur la quatrième ligne et la clef de *sol* sur la deuxième ligne.

D. Les cinq lignes de la portée suffisent-elles pour toutes les notes dont on peut se servir ?

R. Non, et alors on se sert de lignes que l'on ajoute à la portée, soit au-dessous, soit au-dessus, on les nomme lignes supplémentaires et elles ne sont jamais que de la durée de la note qui est écrite dessus.

Exemple :

TROISIÈME LEÇON.

ÉTUDE DE LA CLEF DE SOL.

D. Par quelle clef doit-on commencer l'étude de la musique ?

R. Par l'étude de la clef de *sol*, placée sur la deuxième ligne, cette clef étant la plus usitée de toutes.

TABLEAU D'ÉTUDE DE LA POSITION DES NOTES SUR LA CLEF DE SOL, SUR LA DEUXIÈME LIGNE.

Clef de sol sur la 2me ligne

Le petit crochet s'appuyant sur cette ligne

SOL *cette note prend le nom de la clef étant placée sur la même ligne.*

Notes sur les cinq lignes

mi sol si ré octave fa octave

Notes sur les interlignes ainsi qu'au dessous et au dessus de la portée

ré fa la do octave mi 1re sol octave

Notes sur les lignes supplémentaires au dessus de la portée

la si do

do si la au dessous de la portée

Exercice pour les notes sur les lignes.

Exercice pour les notes interlinéaires et celles au dessus et au dessous de la portée

Exercice général

QUATRIÈME LEÇON.

DES VALEURS.

D. Les notes ont-elles toutes la même durée ?

R. Non, la durée des notes est déterminée par diverses figures, que l'on nomme *valeurs*.

D. Combien y a-t-il de figures de notes, ou valeurs ?

R. Six ; savoir : la *ronde* (𝅝), la *blanche* (𝅗𝅥), la *noire* (♩), la *croche* (♪), la *double croche* (𝅘𝅥𝅯) et la *triple croche* (𝅘𝅥𝅰).

D. Combien la ronde vaut-elle de blanches ?

R. La ronde vaut deux blanches.

D. Combien la ronde vaut-elle de noires ?

R. La ronde vaut quatre noires.

D. Combien la ronde vaut-elle de croches ?

R. La ronde vaut huit croches ?

D. Combien la ronde vaut-elle de doubles croches ?

R. La ronde vaut seize doubles croches.

D. Combien la ronde vaut-elle de triples croches ?

R. La ronde vaut trente-deux triples croches.

TABLEAU DE LA VALEUR DE LA RONDE.

D. Combien une blanche vaut-elle de noires?

R. La blanche vaut deux noires.

D. Combien la blanche vaut-elle de croches?

R. La blanche vaut quatre croches?

D. Combien la blanche vaut-elle de doubles croches?

R. La blanche vaut huit doubles croches.

D. Combien la blanche vaut-elle de triples croches?

R. La blanche vaut seize triples croches?

TABLEAU DE LA VALEUR DE LA BLANCHE.

D. Combien la noire vaut-elle de croches?

R. La noire vaut deux croches.

D. Combien la noire vaut-elle de doubles croches?

R. La noire vaut quatre doubles croches.

D. Combien la noire vaut-elle de triples croches?

R. La noire vaut huit triples croches.

TABLEAU DE LA VALEUR DE LA NOIRE.

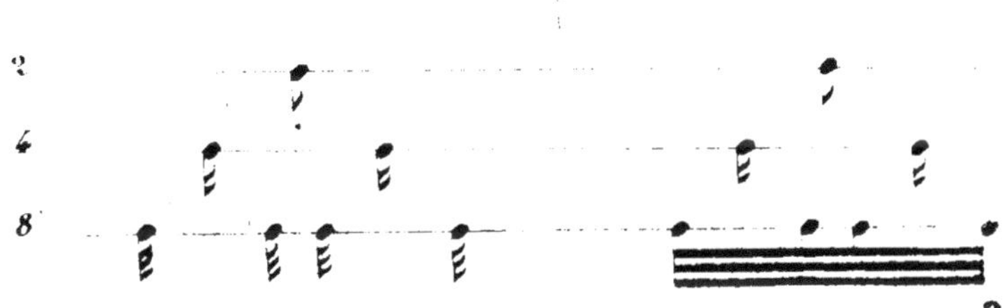

D. Combien une croche vaut-elle de doubles croches ?

R. La croche vaut deux doubles croches.

D. Combien la croche vaut-elle de triples croches ?

R. La croche vaut quatre triples croches.

TABLEAU DE LA VALEUR DE LA CROCHE.

D. Combien la double croche vaut-elle de triples croches ?

R. La double croche vaut deux triples croches.

TABLEAU DE LA VALEUR DE LA DOUBLE CROCHE.

CINQUIÈME LEÇON.

DES VALEURS DE SILENCE.

D. Comment exprime-t-on les *silences* qu'on rencontre dans la musique ?

R. Par des signes particuliers que l'on appelle *valeurs de silence*, et ces valeurs sont en rapport direct avec les valeurs de notes.

D. Combien y a-t-il de valeurs de silence ?

R. Il y a six valeurs de silence ; savoir :

La *pause* ( ), la *demi-pause* ( ), le *soupir* ( ), le *demi-soupir* ( ), le *quart de soupir* ( ) et le *demi-quart de soupir* ( ).

D. Quelle est la valeur de silence qui égale la ronde ?

R. C'est la pause.

Exemple :

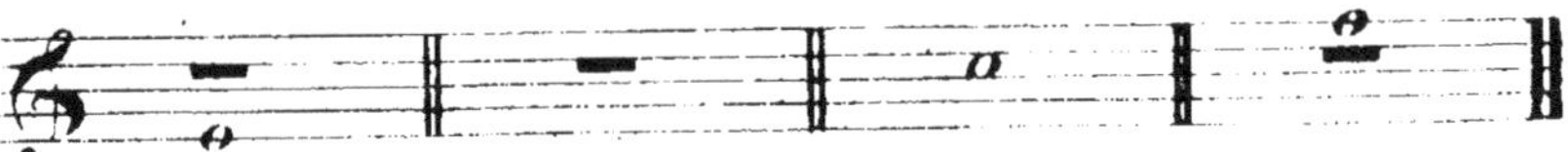

D. Quelle est la valeur de silence qui égale une blanche ?

R. C'est la demi-pause.

Exemple :

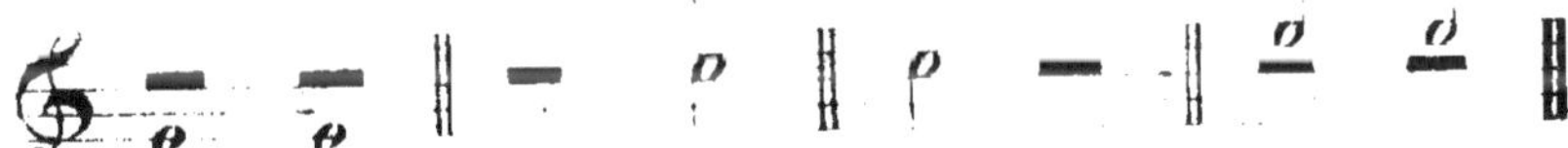

D. Quelle est la valeur de silence qui égale la noire ?

R. C'est le soupir.

Exemple :

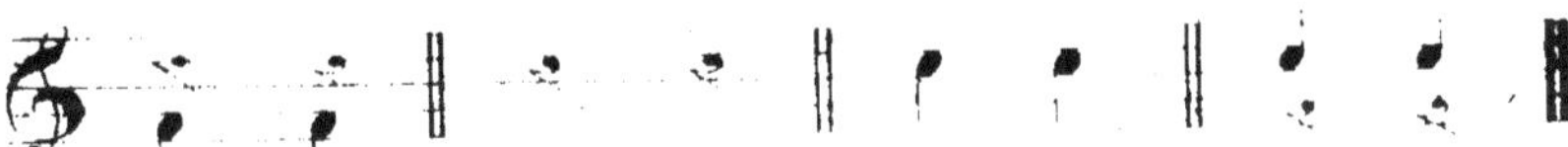

D. Quelle est la valeur de silence qui égale la croche ?

R. C'est le demi-soupir.

Exemple :

D. Quelle est la valeur de silence qui égale la double croche ?

R. C'est le quart de soupir.

Exemple :

D. Quelle est la valeur de silence qui égale la triple croche ?

R. C'est le demi-quart de soupir.

Exemple :

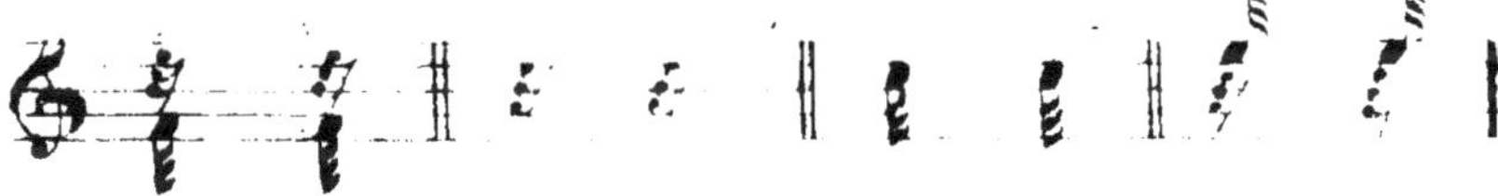

SIXIÈME LEÇON.

DU POINT.

D. Que fait le *point* après une note?

R. Il augmente cette note de la moitié de sa valeur.

D. Quelle est par conséquent la valeur du point?

R. Le point vaut toujours la moitié de la note après laquelle il est placé.

Exemple :

D. Une note peut-elle être suivie de deux points?

R. Oui, et le second augmente cette note du quart de sa valeur, d'où il résulte qu'une note suivie de deux points, est augmentée des trois quarts de sa valeur.

Exemple :

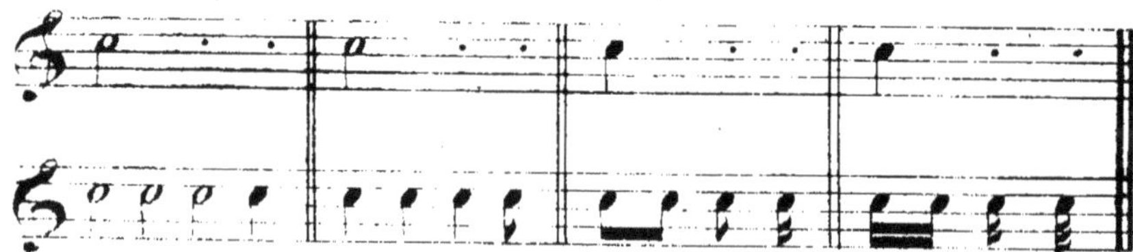

D. Le point peut-il aussi se placer après une valeur de silence?

R. Oui, et son effet est le même qu'après une valeur de note.

Exemple :

D. Une valeur de silence peut-elle être suivie de deux points ?

R. Oui, et alors cette valeur de silence est augmentée des trois quarts.

Exemple :

SEPTIÈME LEÇON.

DES MESURES.

D. Qu'est-ce qu'une *mesure ?*

R. C'est la réunion de plusieurs valeurs renfermées entre deux petites lignes verticales.

Exemple :

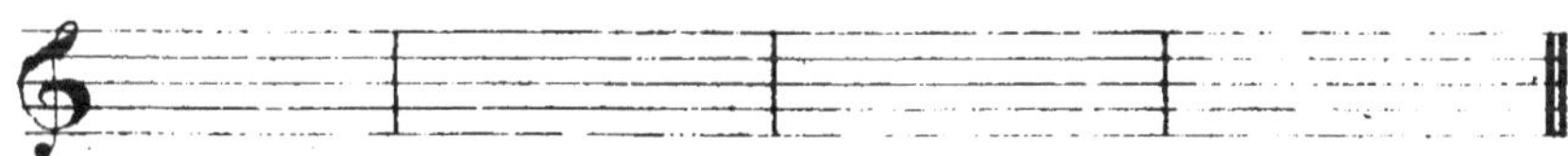

D. Comment nomme-t-on ces lignes verticales ?

R. On les nomme *bâtons de mesure.*

D. Comment nomme-t-on les divisions de la mesure ?

R. On les nomme *temps*, et le nombre de ces temps est indiqué par un signe ou par des chiffres placés après la clef, au commencement du morceau.

D. Qu'entend-t-on par *battre la mesure*?

R. C'est marquer également la division des temps par un mouvement de main.

D. Y a-t-il plusieurs espèces de mesures?

R. Oui, il y en a deux espèces; savoir: les *mesures simples* ou *primitives* et les *mesures composées.*

D. Existe-t-il plusieurs mesures simples ou primitives?

R. Oui, il y a la mesure à *deux temps*, la mesure à *quatre temps* et la mesure à *trois temps.*

DES MESURES SIMPLES OU PRIMITIVES.

D. Par quels signes ou par quels chiffres indique-t-on la mesure à deux temps?

R. Elle devrait s'indiquer par les chiffres 2/2, mais l'usage veut qu'on l'indique par un grand C barré verticalement ou par un 2.

Exemple :

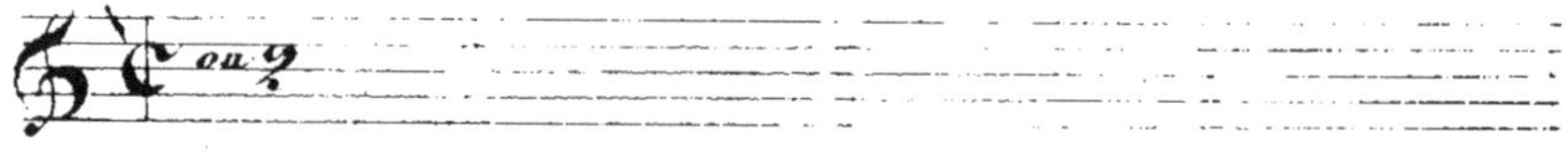

D. De quelle valeur la mesure à deux temps est elle composée?

R. D'une ronde ou d'une valeur correspondante; ce qui donne une blanche pour chaque temps.

Exemple :

D. Comment bat-on la mesure à deux temps?

R. Le premier temps en frappant et le second en levant, et chaque mouvement a la valeur d'une blanche.

Exemple :

•2ᵉ temps levé.

•1ᵉʳ temps frappé.

D. N'existe-t-il que cette seule mesure à deux temps?

R. Il y a encore une mesure à deux temps qui s'indique par les chiffres 2/4. Sa valeur est d'une blanche; ce qui donne une noire pour chaque temps.

D. Comment se bat-elle?

R. Elle se bat aussi, le premier temps en frappant et le second en levant, et chaque mouvement a la valeur d'une noire.

Exemple :

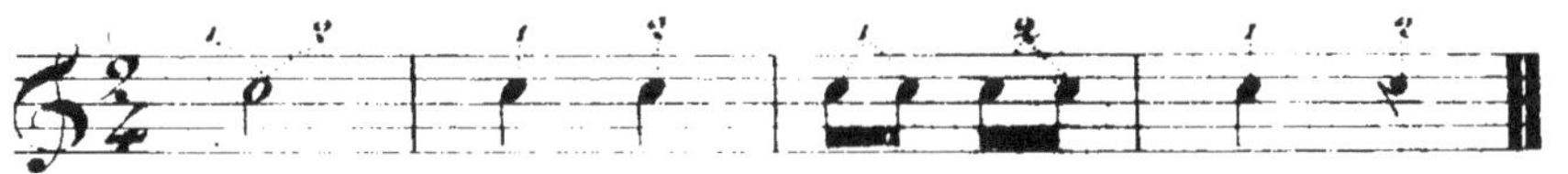

D. Par quel signe ou par quels chiffres indique-t-on la mesure à quatre temps?

R. Elle devrait s'indiquer par les chiffres 4/4, mais l'usage veut qu'on l'indique par un grand C sans être barré.

Exemple :

D. De quelle valeur la mesure à quatre temps est-elle composée?

R. D'une ronde ou d'une valeur correspondante; ce qui donne une noire pour chaque temps.

Exemple :

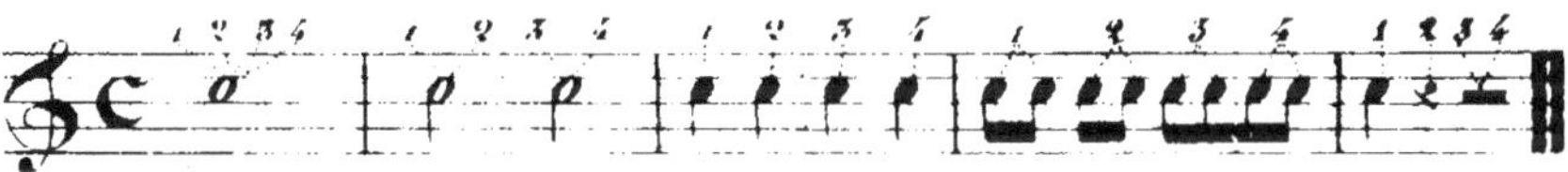

D. Comment bat-on la mesure à quatre temps?

R. Le premier temps en frappant, le second temps à gauche, le troisième temps à droite et le quatrième temps en levant.

Exemple :

4e levé

2e à gauche 3e à droite.

1er frappé.

D. Par quel signe ou par quels chiffres indique-t-on la mesure à trois temps?

R. Par le chiffre 3 ou par les chiffres 3/4.

Exemple :

D. De quelle valeur cette mesure se compose-t-elle?

R. D'une blanche pointée ou d'une valeur correspondante; ce qui donne une noire pour chaque temps.

Exemple :

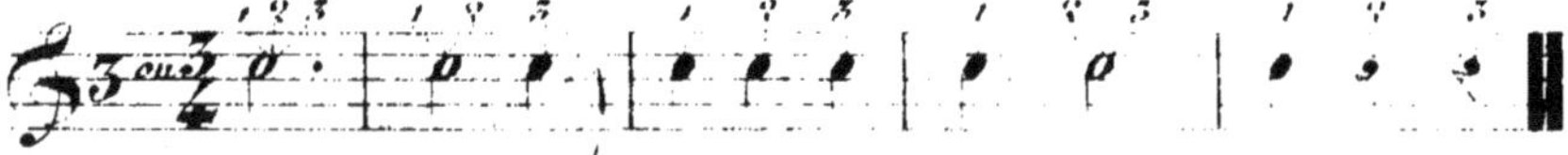

D. Comment bat-on la mesure à trois temps?

R. Le premier temps en frappant, le second temps à droite et le troisième temps en levant.

Exemple :

3e levé

2e à droite

1er frappé.

D. Que signifient, en général, les chiffres dont on se sert pour exprimer la mesure?

R. Le chiffre inférieur indique en combien de parties la ronde a été partagée, et le chiffre supérieur, combien on a pris de ces parties pour former la mesure.

D. Donnez un exemple?

R. Dans les chiffres 2/4, le quatre étant inférieur indique que la ronde a été partagée en quatre parties égales, c'est-à-dire, en quatre noires, et le deux, chiffre supérieur, indique que l'on a pris deux de ces noires pour former la mesure; 2/4 veut donc dire deux noires. Cette règle est applicable à toutes les mesures indiquées par des chiffres.

D. La mesure à 3/4 est-elle la seule mesure simple à trois temps?

R. Il y a encore la mesure à 3/8 qui, ainsi que ces chiffres l'indiquent, est formée de trois croches ou d'une noire pointée; ce qui donne une croche pour chaque temps.

D. Comment se bat cette mesure?

R. Elle se bat, comme la mesure à 3/4, le premier temps en frappant, le deuxième à droite et le troisième en levant; ce qui donne une croche pour chaque temps.

Exemple :

HUITIÈME LEÇON.

DES MESURES COMPOSÉES.

D. Quelles sont les *mesures composées?*

R. Les mesures à 6/4, à 6/8, à 12/8 et à 9/8.

D. Pourquoi les nomme-t-on composées?

R. Parce qu'elles sont effectivement composées des mesures simples à chaque temps desquelles on ajoute un point.

Exemples :

Mesure simple à 2 tems — Mesure composée à 2 tems

Mesure simple — Mesure composée

Mesure simple à quatre tems

Mesure composée à quatre tems

Mesure simple à 3 tems — Mesure composée à 3 tems

D. Comment se battent les mesures composées ?

R. Une mesure composée se bat toujours comme la mesure simple d'où elle dérive : ainsi la mesure à 6/4 se bat à deux temps ; ce qui donne 3 noires ou une valeur correspondante pour chaque temps.

Exemple :

D. Comment bat-on la mesure à 6/8 ?

R. A deux temps, comme la mesure à 2/4 d'où elle dérive ; ce qui donne 3 croches ou une valeur correspondante pour chaque temps ?

Exemple :

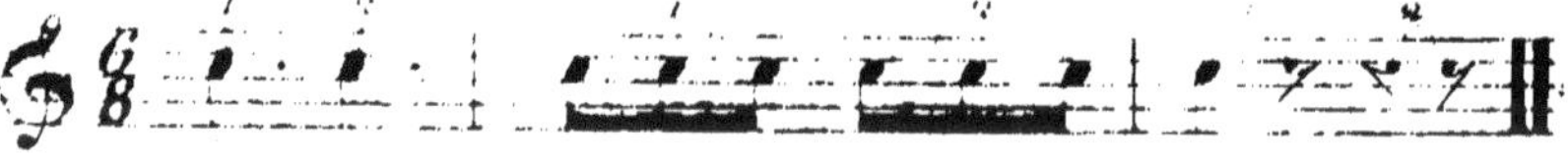

D Comment bat-on la mesure à 12/8 ?

R. A quatre temps, comme la mesure simple d'où elle dérive ; ce qui donne 3 croches ou une valeur correspondante pour chaque temps.

Exemple :

D. Comment bat-on la mesure à 9/8 ?

R. A trois temps, comme la mesure simple d'où elle dérive ; ce qui donne 3 croches ou une valeur correspondante pour chaque temps.

Exemple :

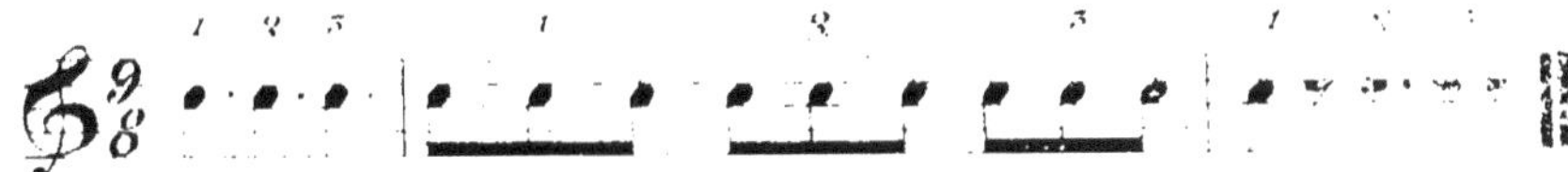

D. Qu'est-ce qu'un *triolet ?*

R. C'est la réunion de trois notes d'égale valeur, qui doivent être exécutées dans le même espace de temps que le seraient deux notes de figure semblable.

D Comment indique-t-on le triolet ?

R Par le chiffre 3 placé au-dessus du groupe des trois notes qui le forment. Il est à remarquer que les triolets de noires ne peuvent être exécutés dans la mesure à quatre temps.

Exemple :

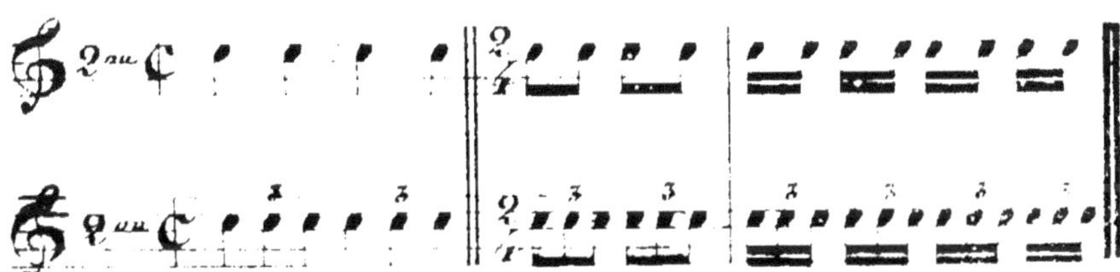

D. Quelle remarque y a-t-il à faire sur les temps des différentes mesures ?

R. C'est qu'il y en a qui doivent être indiqués plus fortement que les autres.

D. Comment les nomme-t-on ?

R. *Temps forts*, en opposition des autres, nommés *temps faibles*.

D. Quel est le temps fort dans les mesures à deux temps ?

R. Le premier, et le second est faible.

Exemple :

D. Combien y a-t-il de temps forts dans les mesures à quatre temps ?

R. Deux : le premier et le troisième ; par conséquent le deuxième et le quatrième sont faibles.

Exemples :

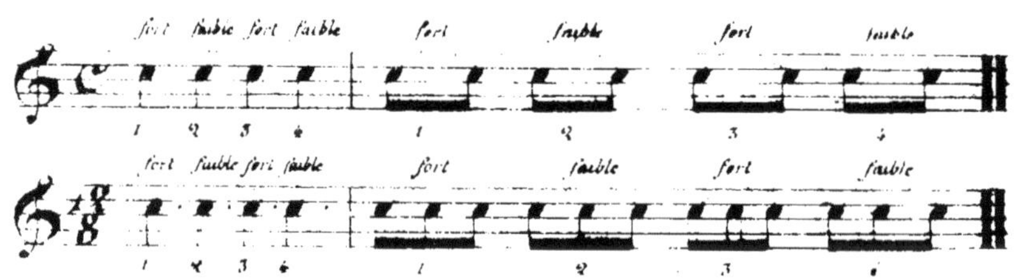

D. Combien y a-t-il de temps forts dans les mesures à trois temps ?

R. Deux : le premier et le second ; en conséquence le troisième est faible ?

Exemple :

D. N'y a-t-il pas des cas où la mesure est incomplète ?

R. Oui, il arrive souvent que la première mesure d'un morceau ne renferme pas toute la valeur dont elle devrait être composée.

D. Comment cela s'appelle-t-il ?

R. *Commencer en levant.*

D. Qu'arrive-t-il alors ?

R. Lorsque la première mesure d'un morceau est incomplète, la dernière mesure doit l'être aussi et ne renfermer que ce qui manque à la première; de sorte que ces deux mesures se complètent mutuellement.

Exemple :

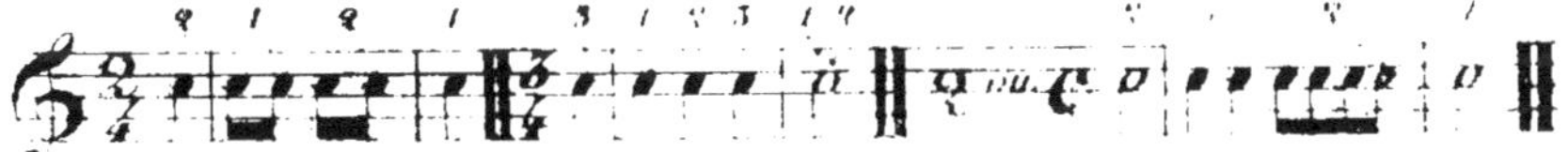

NEUVIÈME LEÇON.

DES DEGRÉS CONJOINTS ET DISJOINTS, ET DES INTERVALLES.

D. Quel nom donne-t-on à des notes qui se succèdent immédiatement, soit en montant, soit en descendant ?

R. On leur donne le nom de *degrés conjoints*.

Exemple :

D. Quel nom donne-t-on à des notes qui ne se succèdent pas immédiatement ?

R. On leur donne le nom de *degrés disjoints*.

Exemple :

D. Ces degrés, conjoints ou disjoints, n'ont-ils pas encore un autre nom ?

R. On les nomme aussi *intervalles*.

D. Quels sont les différens intervalles ?

R. La *seconde*, la *tierce*, la *quarte*, la *quinte*, la *sixte*, la *septième* et *l'octave*.

D. Nommez un intervalle de seconde ?

R. Do - ré.

Exemple :

D. Nommez un intervalle de tierce ?

R. Do - mi.

Exemple :

D. Nommez un intervalle de quarte ?

R. Do - fa.

Exemple

D. Nommez un intervalle de quinte?

R. Do = sol.

Exemple :

D. Nommez un intervalle de sixte?

R. Do = la.

Exemple :

D. Nommez un intervalle de septième?

R. Do = si.

Exemple :

D. Nommez un intervalle d'octave?

R. Do grave = do octave.

Exemple :

D. Ne peut-on trouver tous ces intervalles qu'en partant de *do*?

R. On peut les trouver en partant de tous les degrés de la gamme.

Exemple :

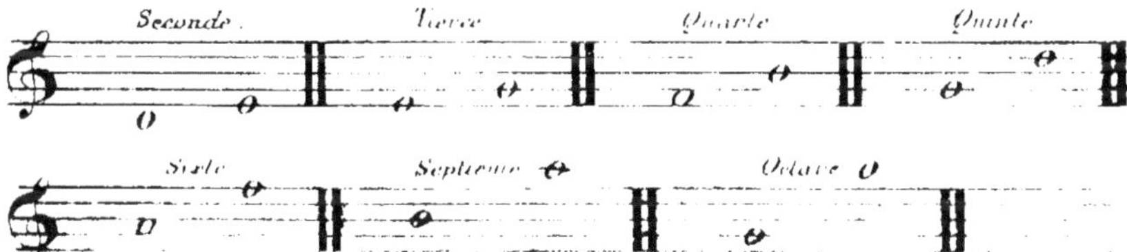

D. Existe-t-il des intervalles plus étendus que l'intervalle d'octave?

R. Oui, il y a les intervalles de 9e, 10e, 11e, 12e, 13e, 14e, 15e ou double octave, etc.

Exemple :

DIXIÈME LEÇON.

ANALYSE DES INTERVALLES.

D. Y a-t-il plusieurs espèces de secondes?

R. Oui, il y en a deux espèces, savoir : la seconde *majeure* et la seconde *mineure*.

D. De quoi la seconde majeure est-elle composée?

R. D'un ton.

D. De quoi la seconde mineure est-elle composée?

R. D'un demi-ton.

Exemples :

D. Combien y a-t-il de secondes majeures dans la gamme?

R. Cinq, puisqu'il y a cinq tons.

D. Combien y a-t-il de secondes mineures?

R. Deux, puisqu'il y a deux demi-tons.

D. Y a-t-il plusieurs espèces de tierces ?

R. Deux : la tierce majeure et la tierce mineure.

D. De quoi la tierce majeure est-elle composée ?

R. De deux tons.

D. De quoi la tierce mineure est-elle composée ?

R. D'un ton et un demi-ton.

Exemples :

D. Y a-t-il plusieurs espèces de quartes ?

R. Deux : la quarte juste et la quarte augmentée.

D. De quoi la quarte juste est-elle composée ?

R. De deux tons et un demi-ton.

D. De quoi la quarte augmentée est-elle composée ?

R. De trois tons, c'est pourquoi on la nomme aussi triton.

Exemples :

D. Y a-t-il plusieurs espèces de quintes ?

R. Deux : la quinte juste et la quinte diminuée.

D. De quoi la quinte juste est-elle composée ?

R. De trois tons et un demi-ton.

D. De quoi la quinte diminuée est-elle composée ?

R. De deux tons et deux demi-tons.

Exemples :

D. Y a-t-il plusieurs espèces de sixtes ?
R. Deux : la sixte majeure et la sixte mineure.
D. De quoi la sixte majeure est-elle composée ?
R. De quatre tons et un demi-ton.
D. De quoi la sixte mineure est-elle composée ?
R. De trois tons et deux demi-tons.

Exemples :

D. Y a-t-il plusieurs espèces de septièmes ?
R. Deux : la septième majeure et la septième mineure.
D. De quoi la septième majeure est-elle composée ?
R. De cinq tons et un demi-ton.
D. De quoi la septième mineure est-elle composée ?
R. De quatre tons et deux demi-tons.

Exemples :

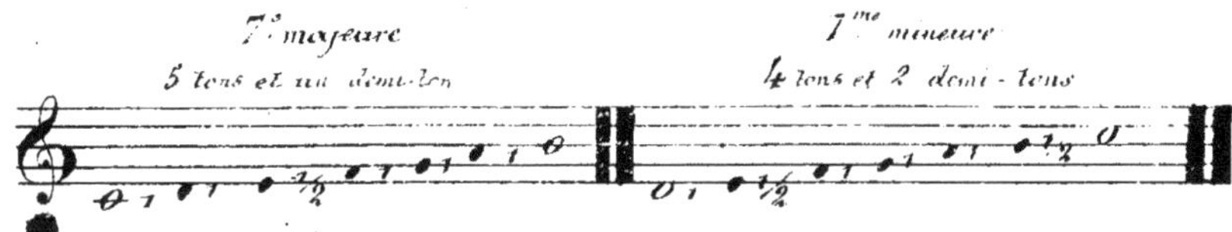

D. Y a-t-il plusieurs espèces d'octaves ?

R. Non, il n'y en a qu'une. L'octave renferme toujours cinq tons et deux demi-tons.

Exemple :

Octave.

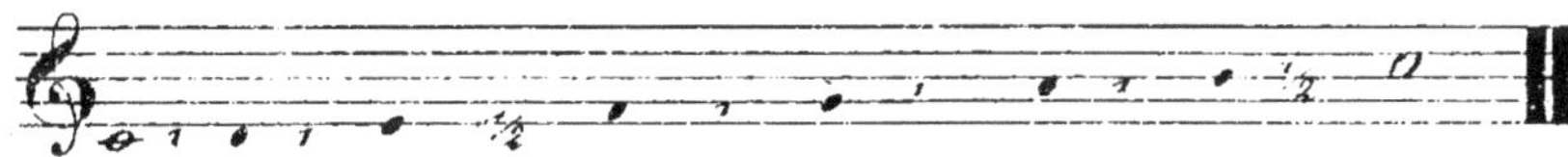

D. Qu'appelle-t-on unisson ?

R. L'unisson, ou sons unis, est produit par deux voix ou deux instrumens semblables, faisant entendre le même son.

Exemple :

Unissons

(Il y a encore les intervalles altérés dont nous parlerons plus tard.)

ONZIÈME LEÇON.

DES SIGNES ALTÉRATIFS.

D. Peut-on modifier les sons primitifs ?

R. Oui.

D. Par quels moyens ?

R. Par l'emploi de cinq signes altératifs, savoir : le dièze (♯), le bémol (♭), le bécarre (♮), le double dièze (♯ ou *), et le double bémol (𝄫).

D. A quoi sert le dièze?

R. Le dièze, placé devant une note, élève cette note d'un demi-ton.

D. A quoi sert le bémol?

R. Le bémol, placé devant une note, baisse cette note d'un demi-ton.

D. A quoi sert le bécarre?

R. Le bécarre, placé devant une note, remet cette note dans son état naturel, lorsqu'elle a été antérieurement altérée, soit par un dièze, soit par un bémol.

D. A quoi sert le double dièze?

R. A élever d'un demi-ton de plus, une note qui déjà avait été affectée par un dièze.

D. A quoi sert le double bémol?

R. A baisser d'un demi-ton de plus une note qui déjà avait été baissée par un bémol.

D. Est-il possible, au moyen de signes altératifs, de partager en demi-tons, tous les tons pleins de la gamme?

R. Oui, et de cette manière on forme une gamme, nommée *gamme chromatique*.

Exemple :

D. Pourquoi appelle-t-on cette gamme, gamme chromatique?

R. Parce qu'elle procède par demi-tons.

DOUZIÈME LEÇON.

DE LA TONALITÉ.

D. Chaque note ou degré de la gamme n'a-t-il pas, indépendamment de son numéro d'ordre, un nom qui indique le rang qu'il occupe dans la gamme?

R. Oui.

D. Comment nomme-t-on le premier degré?

R. *Tonique*, et ce degré donne son nom à la gamme.

D. Comment nomme-t-on le second degré?

R. *Su-tonique*.

D. Comment nomme-t-on le troisième degré?

R. *Médiante*.

D. Comment nomme-t-on le quatrième degré?

R. *Sous-dominante*.

D. Comment nomme-t-on le cinquième degré?

R. *Dominante*.

D. Comment nomme-t-on le sixième degré?

R. *Su-dominante*

D. Comment nomme-t-on le septième degré?

R. *Note sensible*, ou seulement *sensible*.

D. Comment nomme-t-on le huitième degré?

R. *Tonique-octave*.

D. Quels sont les trois points principaux de la gamme?

R. La tonique, la médiante et la dominante.

D. Que fait-on lorsqu'on fait entendre ces trois sons, soit ensemble, soit successivement?

R. On fait un accord parfait.

D. Y a-t-il plusieurs espèces d'accords parfaits?

R. Il y en a deux espèces, l'accord parfait majeur, et l'accord parfait mineur.

D. Quelle différence y a-t-il entre l'accord parfait majeur et l'accord parfait mineur ?

R. C'est que, dans l'accord parfait majeur, la première tierce est majeure et la seconde est mineure, tandis que dans l'accord parfait mineur, la première tierce est mineure et la seconde est majeure.

D. Il y a donc plusieurs tierces dans l'accord parfait ?

R. Oui, l'accord parfait est une succession de deux tierces, puisqu'il y a une tierce de la tonique à la médiante, et une autre tierce de la médiante à la dominante.

Exemple :

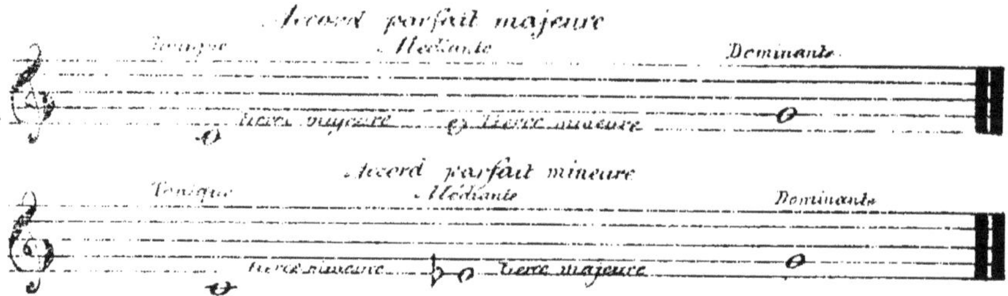

TREIZIÈME LEÇON.

SUITE DE LA TONALITÉ.

D. Existe-t-il d'autres gammes que la gamme de *do ?*

R. Oui, chacun des sons de la gamme chromatique peut devenir tonique.

D. Toutes ces nouvelles gammes doivent-elles être semblables à celle de *do ?*

R. Non, pas toutes, car il existe des gammes majeures et des gammes mineures.

D. Qu'est-ce qu'une gamme majeure ?

R. C'est une gamme dont les deux demi-tons ont lieu du troisième au quatrième degré, et du septième au huitième; et dont par conséquent la première tierce est majeure?

D. La gamme de *do* est-elle majeure ou mineure?

R. C'est une gamme majeure.

D. Pourquoi?

R. Parce que les deux demi-tons ont lieu du troisième au quatrième degré, et du septième au huitième; et que sa première tierce est majeure. Cette gamme est le modèle de toutes les autres gammes majeures.

Exemple :

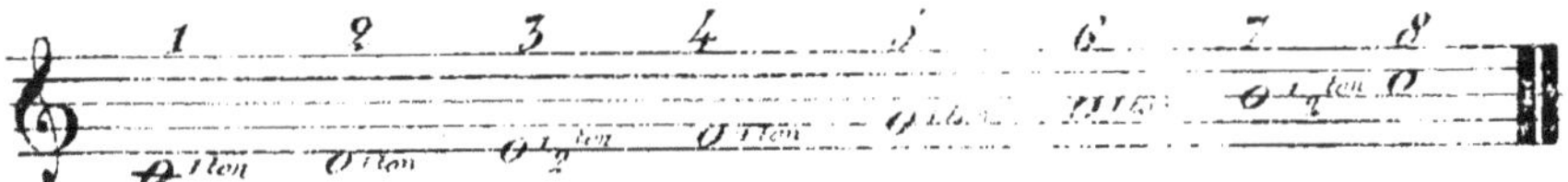

QUATORZIÈME LEÇON.

SUITE DE LA TONALITÉ. — DES GAMMES MAJEURES A DIÈZES.

D. Comment les gammes majeures se succèdent-elles?

R. Par quintes justes ou par quartes justes, en montant.

D. Lorsque ces gammes se succèdent par quintes, par quel moyen les rend-on semblables à la gamme de *do*?

R. En employant des dièzes.

VOIR LE TABLEAU D'AUTRE PART.

TABLEAU DE LA SUCCESSION DES GAMMES MAJEURES A DIÈZES.

Tonique su-tonique mediante sousdominante dominante su-dominante sensible tonique ou octave

1 ton — 1 ton — ½ ton — 1 ton — 1 ton — 1 ton — ½ ton

1 2 3 4 5 6 7 8

D. Qu'y a-t-il à remarquer sur le tableau précédent ?

R. C'est qu'on a employé autant de dièzes qu'il y a de sons primitifs, et que le premier dièze étant placé sur le *fa*, les autres se succèdent par quintes justes, de même que les toniques qu'ils constituent.

D. Les dièzes, qui constituent une tonique, doivent-ils se placer devant chaque note, comme on l'a fait dans le tableau précédent ?

R. Non, pour éviter une répétition inutile, on les place une fois pour toutes après la clef.

D. Comment les dièzes se placent-ils à la clef ?

R. De la manière suivante.

Exemple :

QUINZIÈME LEÇON.

SUITE DE LA TONALITÉ. — DES GAMMES MAJEURES A BÉMOLS.

D. Lorsque les gammes majeures se succèdent par quartes justes, quel moyen emploie-t-on pour les rendre semblables à la gamme de *do ?*

R. On emploie des bémols.

VOIR LE TABLEAU D'AUTRE PART.

TABLEAU DE LA SUCCESSION DES GAMMES MAJEURES A BÉMOLS.

Tonique su-tonique Médiante sous dominante Dominante su-dominante sensible Tonique octave

1 ton — 1 ton — ½ ton — 1 ton — 1 ton — 1 ton — ½ ton

1 2 3 4 5 6 7 8

D. Qu'y a-t-il à remarquer sur le tableau précédent ?

R. C'est qu'on a employé autant de bémols qu'il y a de sons primitifs, et que le premier bémol étant placé sur le *si*, les autres se succèdent par quartes justes, de même que les toniques qu'ils constituent.

D. Les bémols qui constituent une tonique, doivent-ils se placer devant chaque note, comme on l'a fait dans le tableau précédent ?

R. Non, par la même raison qu'on ne répète pas les dièzes, on ne répète pas non plus les bémols, et on les met une fois pour toutes après la clef.

D. Comment les bémols se placent-ils à la clef ?

R. De la manière suivante.

Exemple :

SEIZIÈME LEÇON.

SUITE DE LA TONALITÉ. — DES GAMMES MINEURES.

D. Qu'est-ce qu'une gamme mineure ?

R. C'est une gamme qui est formée des élémens de la gamme majeure et que, pour cette raison, on appelle relative de cette gamme.

D. A quelle distance de la tonique majeure trouve-t-on la tonique mineure relative ?

R. La tonique mineure relative se trouve toujours une tierce mineure au-dessous de la tonique majeure.

D. Quelle est la tonique de la gamme mineure relative de celle de *do* majeur ?

R. C'est *la* mineur .

D. Combien la gamme mineure renferme-t-elle de demi-tons ?

R. Elle contient deux demi-tons comme la gamme majeure.

D. Ces deux demi-tons sont-ils placés de la même manière que dans la gamme majeure ?

R. Non, ils ont lieu du deuxième au troisième et du septième au huitième degré, et par conséquent la première tierce est mineure.

D. Les deux demi-tons de la gamme mineure existent-ils naturellement ?

R. Le premier existe naturellement, mais celui du septième au huitième degré, ne s'obtient qu'au moyen d'un signe altératif.

D. A quoi sert ce signe altératif ?

R. A hausser le septième degré de la gamme mineure, qui, sans cela, serait à un ton de distance de la tonique octave.

D. Les tons pleins de la gamme mineure existent-ils naturellement ?

R. Non, celui du cinquième au sixième degré ne s'obtient qu'au moyen d'un signe altératif.

D. A quoi sert ce signe altératif ?

R. A hausser le sixième degré de la gamme mineure, qui, sans cela, serait à un ton et un demi-ton de distance du septième degré. Cependant, ce sixième degré se présente très-souvent dans son état naturel.

Exemples :

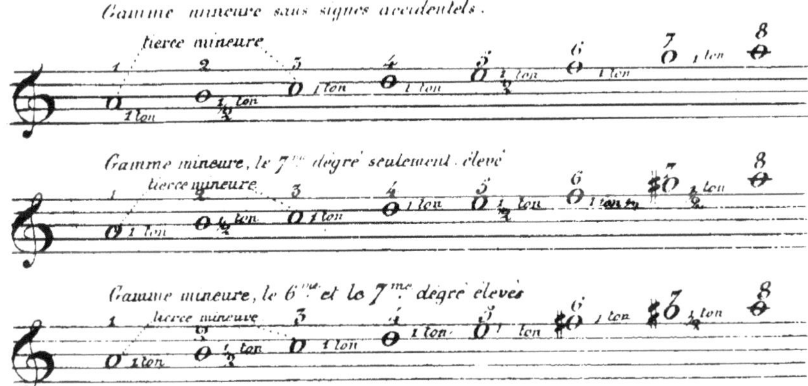

D. En descendant la gamme mineure, conserve-t-on les deux signes altératifs ?

R. Non, en descendant la gamme mineure on rétablit le sixième et le septième degré dans l'état où ils étaient précédemment ; c'est pourquoi, dans ce cas, les signes altératifs sont nommés signes accidentels, n'étant pas fixés dans la gamme.

D. Où les demi-tons sont-ils placés en descendant ?

R. En descendant la gamme mineure, les demi-tons se trouvent reportés du deuxième au troisième et du cinquième au sixième degré.

Exemple :

Gamme mineure en montant, le 6me et le 7me degré élevés

Tierce mineure

Gamme mineure en descendant, le 6me et le 7me degré rétablis dans leur état naturel.

D. Pourquoi prenez-vous la gamme de la mineure pour modèle des gammes mineures?

R. Parce que cette gamme est relative de la gamme de *do* majeur, qui a été prise pour modèle des gammes majeures.

D. Ne classe-t-on pas toutes les toniques sous un nom générique?

R. Oui.

D. Quel est ce nom?

R. Mode.

D. Y a-t-il plusieurs espèces de modes?

R. Deux : le mode majeur, comprenant toutes les gammes majeures : et le mode mineur, comprenant toutes les gammes mineures.

D. Donnez un tableau général des gammes majeures avec leurs gammes mineures relatives?

R. Lorsqu'il n'y a ni dièzes ni bémols à la clef, on est en *do* majeur ou en *la* mineur.

Exemple :

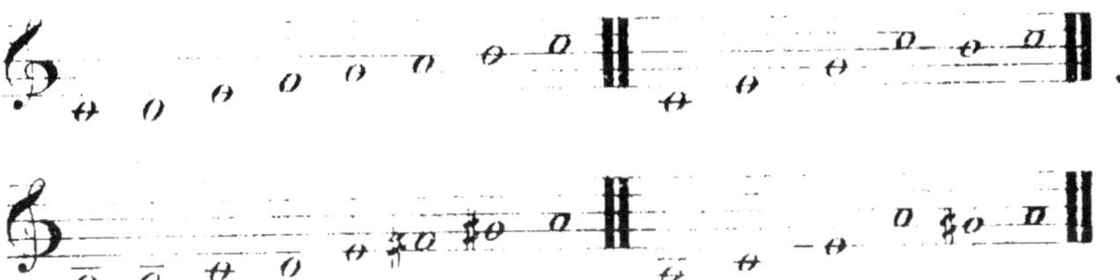

Avec un dièze à la clef sur *fa*, on est en *sol* majeur ou en *mi* mineur.

Exemple :

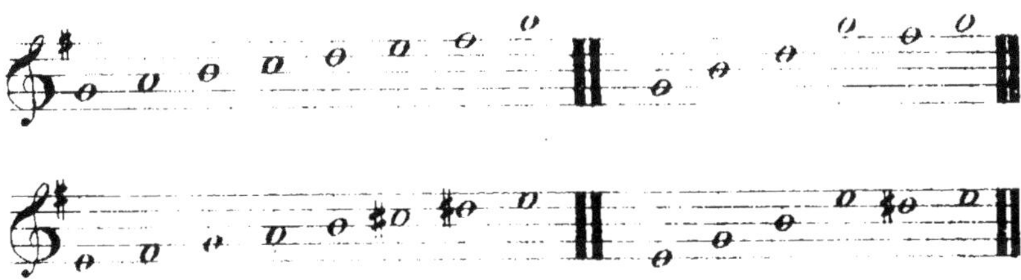

Avec deux dièzes, *fa* et *do*, on est en *ré* majeur ou en *si* mineur.

Exemple :

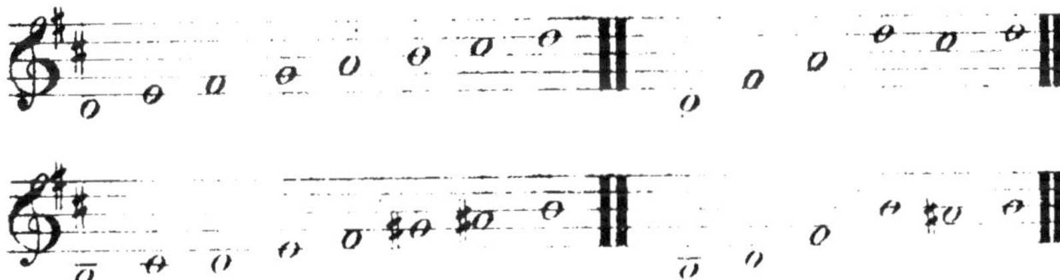

Avec trois dièzes, *fa*, *do*, *sol*, on est en *la* majeur ou en *fa* dièze mineur.

Exemple :

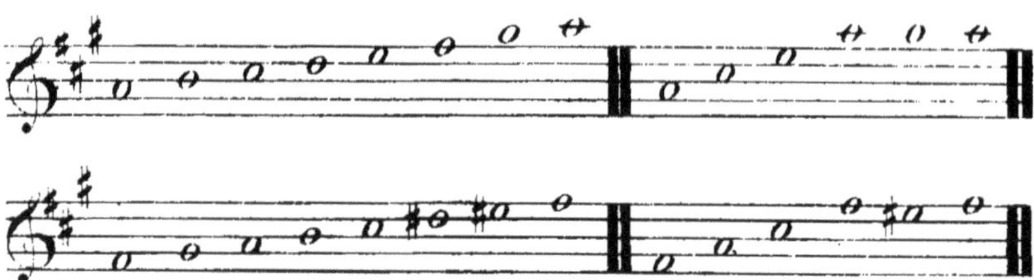

Avec quatre dièzes, *fa, do, sol, ré*, on est en *mi* majeur ou en *do* dièze mineur.

Exemple :

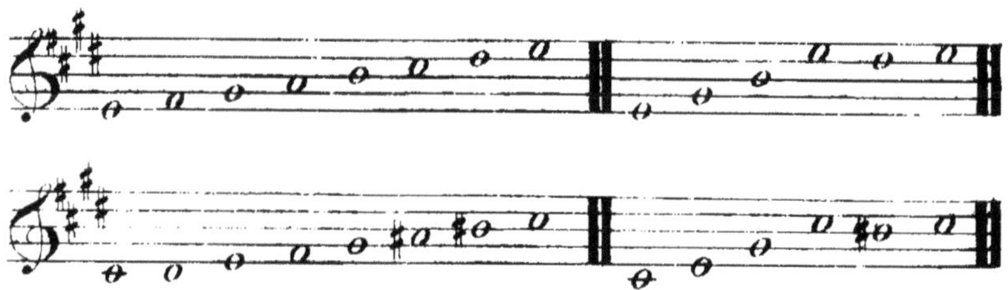

Avec cinq dièzes, *fa, do, sol, ré, la*, on est en *si* majeur ou en *sol* dièze mineur.

Exemple :

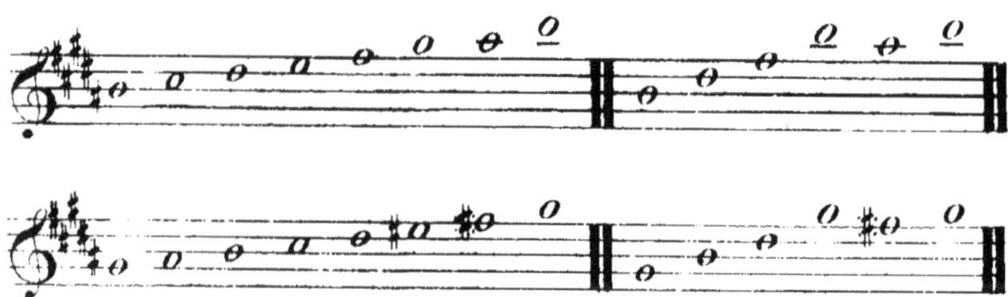

Avec six dièzes, *fa, do, sol, ré, la, mi*, on est en *fa* dièze majeur ou en *ré* dièze mineur.

Exemple :

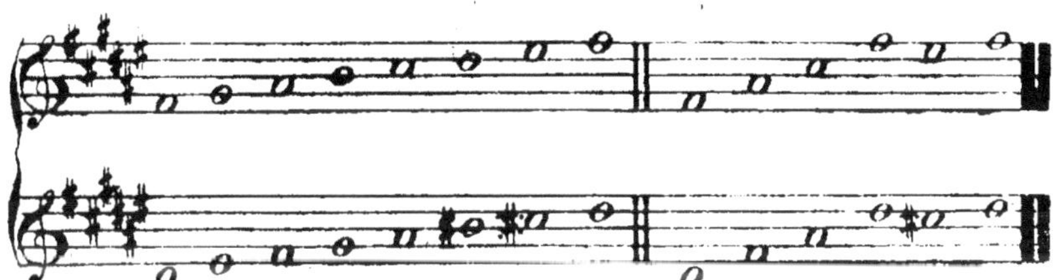

Avec sept dièzes, *fa*, *do*, *sol*, *ré*, *la*, *mi*, *si*, on est en *do* dièze majeur ou en *la* dièze mineur.

Exemple :

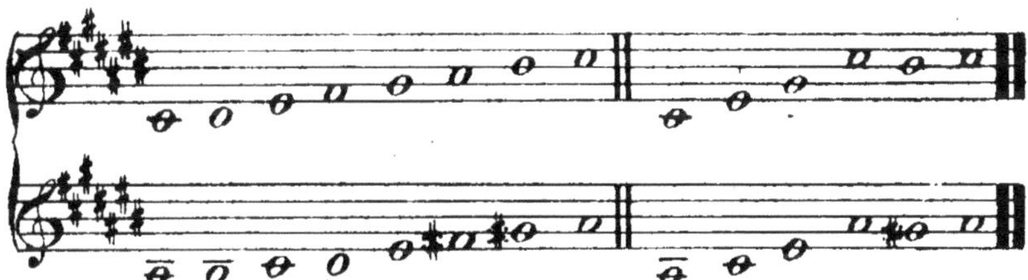

Avec un bémol sur le *si*, on est en *fa* majeur ou en *ré* mineur.

Exemple :

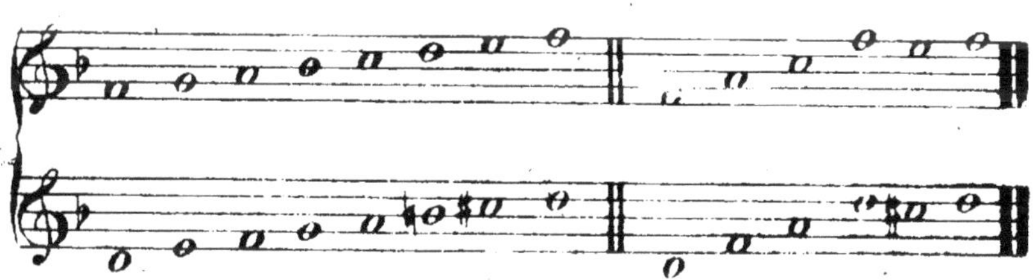

Avec deux bémols, *si*, *mi*, on est en *si* bémol majeur ou en *sol* mineur.

Exemple :

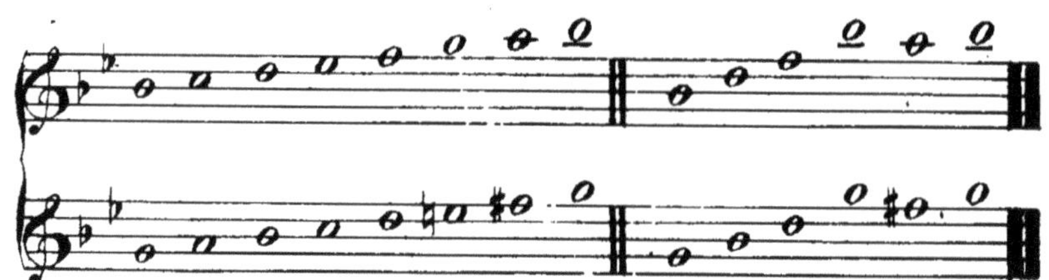

Avec trois bémols, *si*, *mi*, *la*, on est en *mi* bémol majeur ou en *do* mineur.

Exemple :

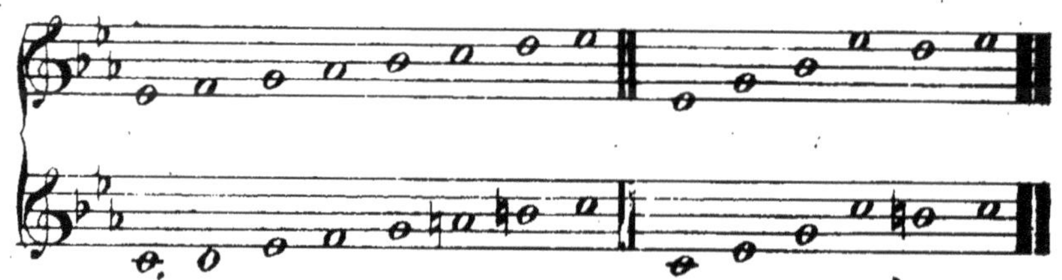

Avec quatre bémols, *si*, *mi*, *la*, *ré*, on est en *la* bémol majeur ou en *fa* mineur.

Exemple :

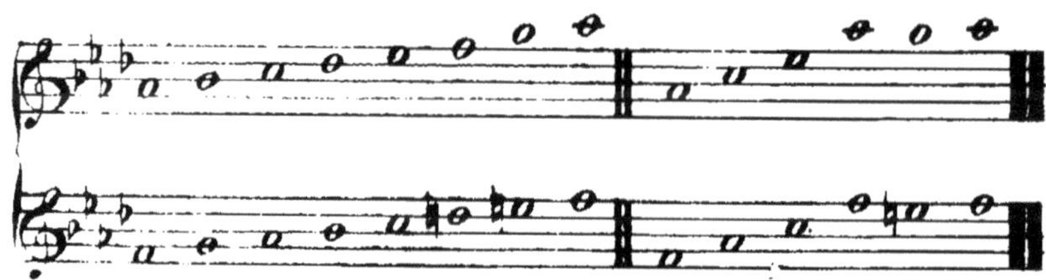

Avec cinq bémols, *si*, *mi*, *la*, *ré*, *sol*, on est en *ré* bémol majeur ou en *si* bémol mineur.

Exemple :

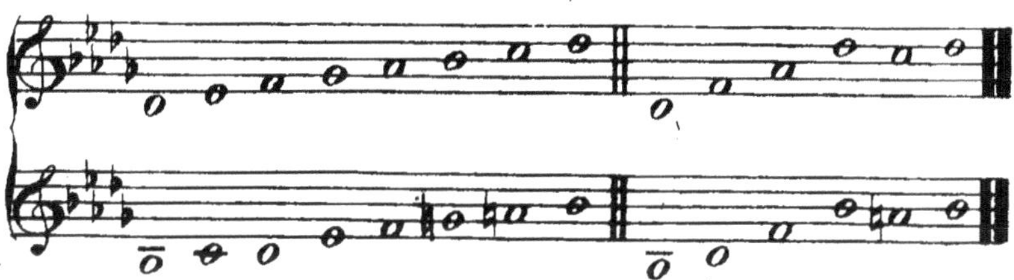

Avec six bémols, *si*, *mi*, *la*, *ré*, *sol*, *do*, on est en *sol* bémol majeur ou en *mi* bémol mineur.

Exemple :

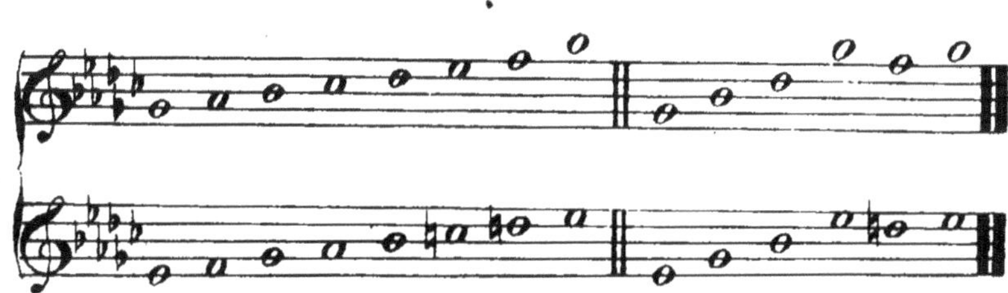

Avec sept bémols, *si*, *mi*, *la*, *ré*, *sol*, *do*, *fa*, on est en *do* bémol majeur ou en *la* bémol mineur.

Exemple :

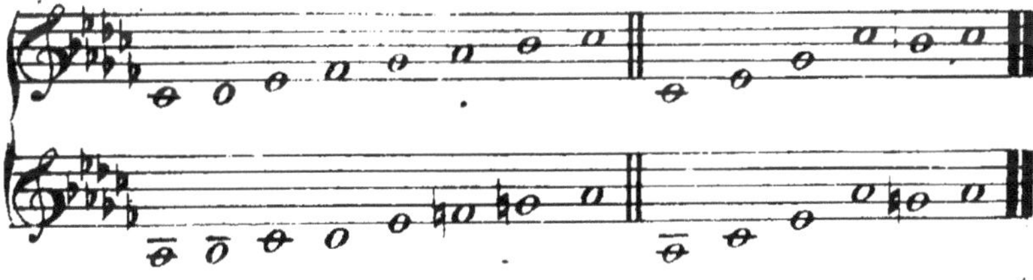

DIX-SEPTIÈME LEÇON.

MANIÈRE FACILE ET ROUTINIÈRE DE RECONNAITRE LA TONIQUE D'UN MORCEAU DE MUSIQUE.

D. Comment reconnaît-on la tonique d'un morceau de musique, lorsqu'il y a des dièzes à la clef?

R. Lorsqu'il y a des dièzes à la clef, le dernier dièze se trouvant toujours sur le septième degré de la gamme majeure, la tonique majeure est un degré au-dessus de ce dernier dièze (1).

D. Et lorsqu'il y a des bémols à la clef?

R. Le dernier bémol se trouvant toujours sur le quatrième degré de la gamme majeure, la tonique majeure est une quarte juste au-dessous du dernier bémol.

D. N'y a-t-il pas encore un autre moyen de trouver la tonique majeure, lorsqu'il y a des bémols à la clef?

R. Lorsqu'il y a plusieurs bémols à la clef, l'avant dernier est toujours la tonique majeure.

D. Comment voit-on qu'un morceau de musique est écrit dans le mode majeur ou dans le mode mineur?

R. En cherchant dans les premières mesures du morceau le cinquième degré de la gamme majeure. Si ce cinquième degré n'est pas élevé d'un demi-ton, on est dans le mode majeur; mais s'il est élevé d'un demi-ton, il devient septième degré de la gamme mineure et détermine ce mode.

D. Quels sont les signes altératifs qui peuvent servir à hausser le cinquième degré de la gamme majeure pour en faire le septième degré de la gamme mineure?

R. Il y en a trois, savoir: le dièze, le double dièze et le bécarre.

D. Dans quel cas le dièze sert-il à hausser le cinquième degré de la gamme majeure?

(1) Pour les exemples, voir le tableau général des toniques de la 16e leçon.

R. Lorsque ce cinquième degré est naturel.

D. Dans quel cas le double dièze sert-il à hausser le cinquième degré de la gamme majeure?

R. Lorsque ce cinquième degré est déjà diézé.

D. Dans quel cas le bécarre sert-il à hausser le cinquième degré de la gamme majeure?

R. Lorsque ce cinquième degré est bémolisé.

D. N'y a-t-il pas un autre moyen de reconnaître le ton d'un morceau de musique?

R. Par la dernière note de la basse de ce morceau, cette dernière note devant toujours être la tonique.

D. Ne rencontre-t-on pas souvent des signes altératifs, autres que ceux indiqués à la clef?

R. Oui, et ces signes altératifs, n'étant alors qu'accidentels, ne doivent être observés que pendant la durée de la mesure dans laquelle ils se trouvent, à moins qu'un autre signe ne vienne en détruire l'effet, pendant la durée de la même mesure.

Voir les exemples d'autre part.

Exemples :

D. Un morceau doit-il toujours rester dans le ton indiqué par les signes placés à la clef?

R. Non ; un morceau doit toujours commencer et finir dans le ton indiqué à la clef, mais il peut, pendant sa durée, passer dans différentes toniques, et cette manière de procéder s'appelle *moduler*.

DIX-HUITIÈME LEÇON.

DE LA SYNCOPE ET DE LA LIAISON.

D. Qu'est-ce qu'une *syncope ?*

R. C'est une disposition de note qui fait qu'un son appartient à deux temps différens. Ordinairement elle commence sur un temps faible et finit sur un temps fort ?

D. Y a-t-il plusieurs espèces de syncopes ?

R. Il y en a deux espèces : les syncopes *régulières* ou *ordinaires*, et les syncopes *irrégulières* ou *brisées*.

D. Qu'est-ce qu'une syncope régulière ?

R. C'est celle dont les deux parties sont égales.

D. Qu'est-ce qu'une syncope irrégulière ou brisée ?

R. C'est celle dont les deux parties ne sont point égales.

D. La syncope ne peut-elle pas avoir lieu d'une mesure à l'autre ?

R. Oui, mais dans ce cas on unit les deux notes par une petite ligne courbe ( ) qui indique que ces deux notes ne représentent qu'un seul son.

Voir le tableau d'autre part.

Exemples :

Syncopes régulières

Syncopes irrégulières ou brisées.

D. N'y a-t-il pas une autre manière d'écrire la syncope ?

R. Oui, la syncope s'écrit aussi en ajoutant un point à la note syncopée, et cela se nomme *enjambement du point.*

Exemples :

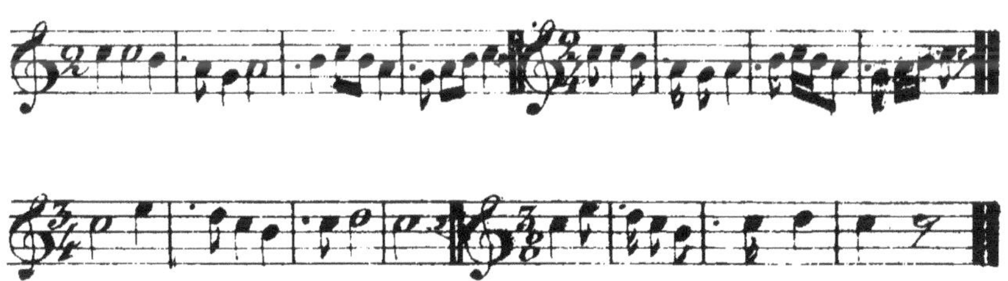

D. Comment indique-t-on qu'on doit unir plusieurs notes entre elles ?

R. Par une petite ligne courbe nommée *liaison.*

Exemple :

D. Comment s'indiquent les notes piquées ou détachées et quel est leur effet ?

R. Les notes piquées ou détachées s'indiquent par un point placé au-dessus de la note ; leur effet est contraire à celui des notes liées et elles doivent être exécutées comme si elles étaient suivies d'un court silence.

Exemple :

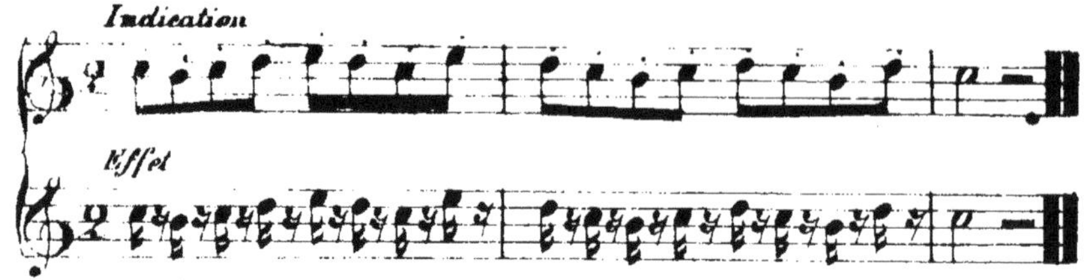

DIX-NEUVIÈME LEÇON.

DE DIVERS SIGNES EMPLOYÉS DANS L'ÉCRITURE MUSICALE.

D. Qu'est-ce qu'un point d'orgue ?

R. C'est un temps d'arrêt qui interrompt la mesure, et sur lequel on reste à volonté ; il s'indique par un point surmonté d'une petite ligne courbe (𝄐) et se place sur les notes et sur les silences.

Exemple :

D. Qu'est-ce qu'une reprise ?

R. C'est une série de mesures qu'on doit recommencer.

D. Comment indique-t-on la reprise ?

R. Par deux gros bâtons de mesure précédés ou suivis de deux points, placés, l'un au-dessus, l'autre au-dessous de la troisième ligne de la portée.

D. Est-il indifférent que les deux points précèdent ou suivent les deux bâtons de mesure ?

R. Non, ces deux points doivent être placés avant les deux bâtons de mesure, si la série qu'il faut recommencer est avant ; et après les deux bâtons de mesure, si la série qu'il faut recommencer est après.

Exemples :

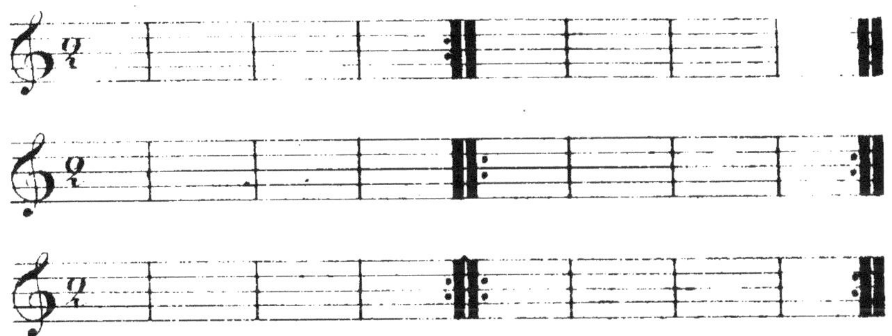

D. Ne se présente-t-il pas des cas où l'on emploie au-dessus des dernières mesures d'une reprise, les mots : première fois, deuxième fois ?

R. Oui, et cela indique que la première fois qu'on dit la reprise on doit exécuter la mesure surmontée des mots: *première fois ;* et que la deuxième fois qu'on dit la reprise, il faut passer cette mesure et exécuter à sa place la mesure surmontée des mots : *deuxième fois.*

Exemple :

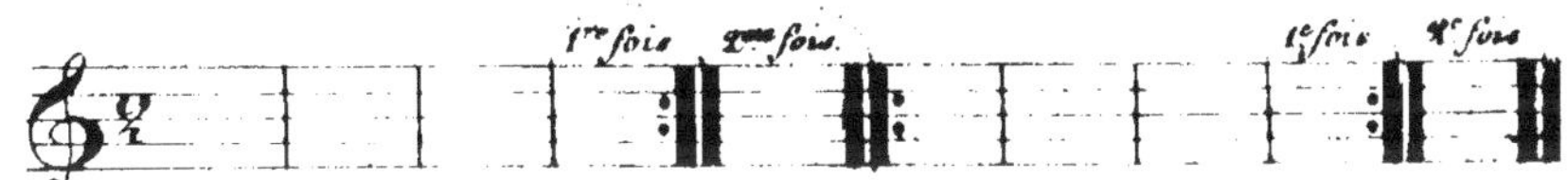

D. Qu'est-ce qu'un renvoi ?

R. C'est un signe (𝄋) qui fait revenir à un signe semblable placé antérieurement.

Que veulent dire les mots *da capo?*

R. Ils indiquent que l'on doit revenir au commencement du morceau pour le terminer au mot *fin*. Ces mots sont très-souvent exprimés par l'abréviation D.C.

Exemple :

VINGTIÈME LEÇON.

DES PETITES NOTES.

D. Que nomme-t-on *petites notes ?*

R. Ce sont des notes d'agrément, écrites en plus petits caractères que les autres. Ces notes ne comptent jamais dans la mesure. Dans l'exécution, on prend le temps de les faire soit sur la valeur des notes qui les précèdent, soit sur la valeur des notes qui les suivent.

D. Y a-t-il plusieurs espèces de petites notes?

R. Oui, et voici les principales :

1° La petite note, écrite avec une petite ligne transversale qui s'exécute avec rapidité.

Exemple :

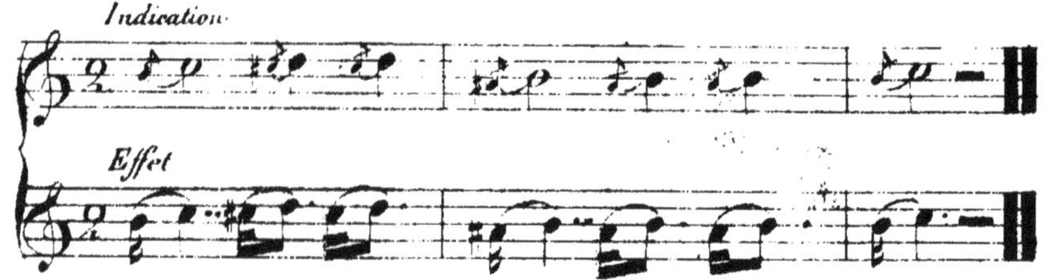

2° La petite note qui prend la moitié de la note devant laquelle elle est placée si cette note n'est pas pointée, et les deux tiers si elle est pointée. Cette petite note se nomme *appogiature.*

Exemple :

D. Ne peut-on pas réunir plusieurs petites notes ?

R. Oui, et cela se nomme *groupe ;* en italien *grupetto.*

D. Y a-t-il plusieurs espèces de groupes ?

R. Oui, il y en a de deux espèces ; les uns se prennent sur la valeur de la note qui les précède, et les autres sur la valeur de la note qui les suit.

Exemple :

D. Qu'est-ce qu'un trille ?

R. C'est le battement alternatif d'une note avec celle qui est immédiatement au-dessus. Il s'indique par les lettres *tr*, placées au-dessus de la note que l'on doit triller. Le trille se termine par un groupe de deux ou de trois petites notes.

Exemple :

D. Doit-on solfier les petites notes comme les autres ?

R. Non, on en fait seulement entendre l'intonation sur la valeur de la note qui les précède, ou qui les suit selon le cas.

VINGT ET UNIÈME LEÇON.

DES ABRÉVIATIONS.

D. Ne se sert-on pas de diverses abréviations dans l'écriture musicale ?

R. Oui, en voici les figures.

Voir le tableau ci-contre.

TABLEAU DES ABRÉVIATIONS.

D. N'y a-t-il pas un moyen d'indiquer plusieurs mesures de silence?

R. Oui, on indique plusieurs mesures de silence par de petits bâtons de deux ou de quatre mesures.

Exemple :

4 mesures. *2 mesures.* *6* *23*

VINGT-DEUXIÈME LEÇON.

DES MOUVEMENS.

D. Qu'entend-on par mouvement?

R. On entend le degré de lenteur ou de vitesse qu'on doit donner à un morceau de musique.

D. Comment indique-t-on les mouvemens?

R. Par les mots italiens suivans :

TABLEAU DES MOUVEMENS.

LENS.		MODÉRÉS.		VIFS.	
Grave.	Grave.	Andante.	D'une lenteur modérée.	Allegro.	Vif et gai.
Largo.	Large, Très-lent	Andantino.	Diminutif.	Allegro ma non troppo.	Vif et gai, mais pas trop.
Larghetto.	Un peu moins lent	Graciozo.	Gracieux.	Allegro assai.	Plus vif que l'allegro.
Lento.	Lent.	Maestoso.	Majestueux.	Allegro vivace.	Encore plus vite.
Sostenuto.	Soutenu.	Moderato.	Modéré.	Allegro molto.	*Id.*
Adagio.	Lent et noble.	Allegretto.	Un peu gai.	Presto.	Vif.
Cantabile.	Lent et chantant.	Tempo di marcia.	Mouvement de marche.	Prestissimo.	Très-vif.
		Tempo giusto.	Mouvem' propre au morceau.		

NOTA. Le métronome de Maelzel, dont on se sert maintenant, indiquant d'une manière certaine la véritable intention de l'auteur, remplace, avec un grand avantage, les indications ci-dessus, dont l'appréciation est toujours un peu vague, et peut d'ailleurs varier selon les individus.

D. Ne se sert-on pas d'autres termes qui peuvent indiquer le caractère du morceau, d'un passage?

R. Oui, ces mots sont :

Agitato.	Agité.
Piu mosso.	Plus animé.
Animato.	Animé.
Con brio.	Avec éclat, d'une manière brillante.
Brillante.	Brillant.
Affectuoso.	Avec affection.
Amoroso.	Avec amour.
Con fuoco.	Avec feu.
Scherzando.	En badinant.
Leggieramente.	Légèrement.
Con espressione.	Avec expression.
Con furore.	Avec fureur, etc. etc.

Dans le courant d'un morceau on peut encore rencontrer les mots suivans :

Colla parte.	Avec la partie.
Colla voce.	Avec la voix.
A piacere.	A volonté.
Ad libitum.	*Id.*
Accelerando ou accel.	En accélérant.
Ritardendo ou ritard.	En retardant.
Rallentando ou rall.	En ralentissant.
A tempo ou tempo 1°.	Au premier mouvement.

VINGT-TROISIÈME LEÇON.

DES NUANCES.

D. Qu'entend-on par **nuances**?

R. On entend le degré de force ou de faiblesse qu'on doit donner aux sons.

D. Comment indique-t-on les nuances?

R. On les indique, ainsi que les mouvemens, par des mots italiens que voici :

Piano ou p.	Doux.
Pianissimo ou pp.	Très-doux.
Crescendo ou cresc.	En augmentant.
Decrescendo ou decres.	En diminuant.
Forte ou f	Fort.
Fortissimo ou ff.	Très-fort.
Mezzo forte ou mez. f.	Demi-fort.
Sforzando ou sforz.	En forçant.
Rinforzando ou rin.	En renforçant.
Diminuendo ou dim.	En diminuant.
Perdendosi ou perd.	En laissant perdre le son.
Smorzando ou smorz.	En mourant.
Morendo ou moren.	En mourant.
Calando ou cal.	En adoucissant.
Mezza voce ou mez. v.	A demi-voix.
Sotto voce.	A demi-voix.

D. N'y a-t-il pas aussi des signes qui indiquent que l'on doit augmenter ou diminuer le son.

R. Oui, et ces signes se nomment *soufflets*.

Exemple:

VINGT-QUATRIÈME LEÇON.

DU RENVERSEMENT DES INTERVALLES.

D. Qu'est-ce que renverser un intervalle?

R. C'est transporter au grave ce qui était à l'aigu, ou à l'aigu ce qui était au grave.

D. Quel intervalle une seconde produit-elle lorsqu'elle est renversée ?

R. Une septième.

Exemple.

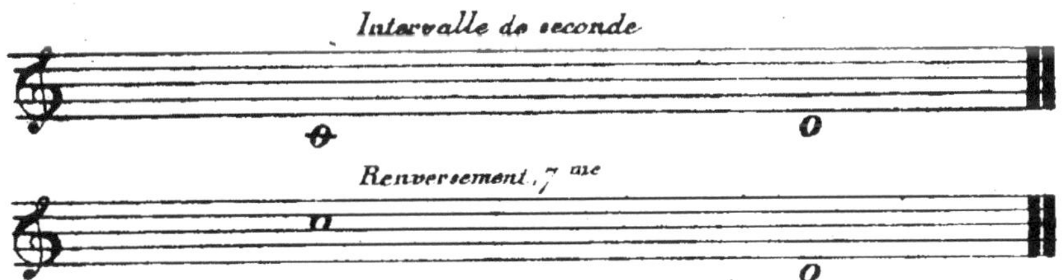

D. Quel intervalle une tierce donne-t-elle lorsqu'elle est renversée?

R. Une sixte.

Exemple :

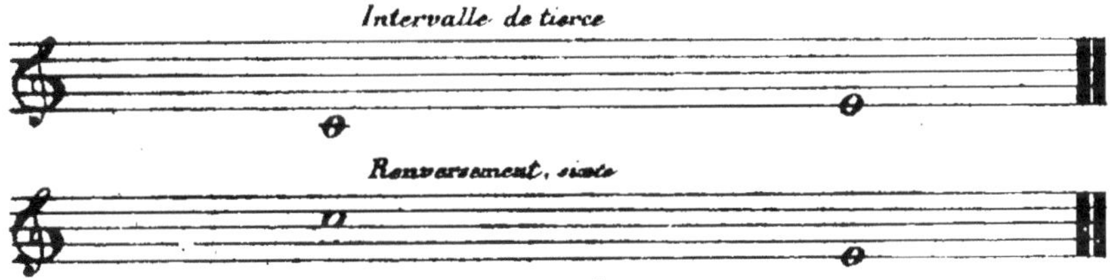

D. Quelle intervalle une quarte donne-t-elle lorsqu'elle est renversée ?

R Une quinte.

Exemple :

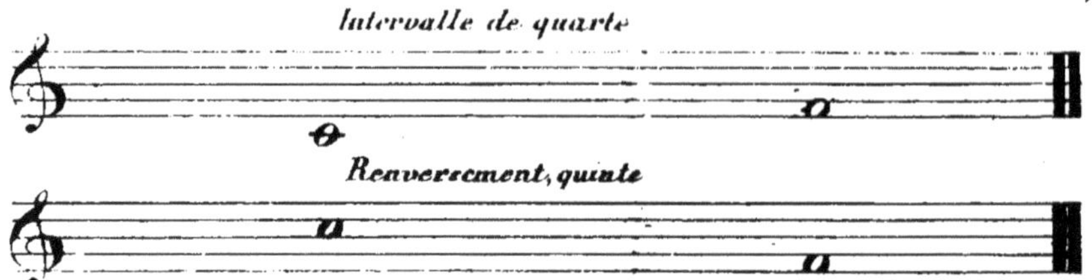

D. Quel intervalle une quinte donne-t-elle lorsqu'elle est renversée ?

R. Une quarte.

Exemple :

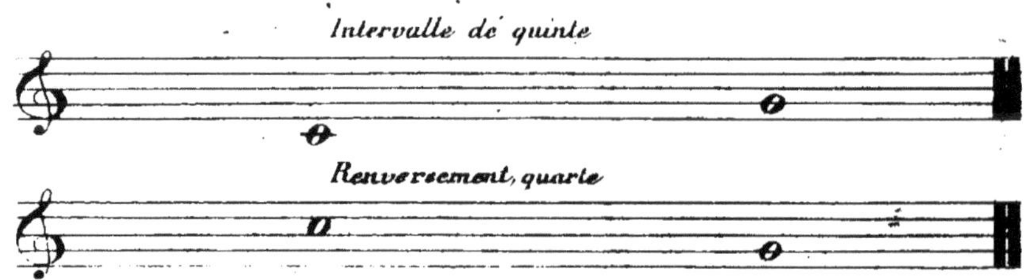

D. Quel intervalle une sixte donne-t-elle lorsqu'elle est renversée ?

R. Une tierce.

Exemple :

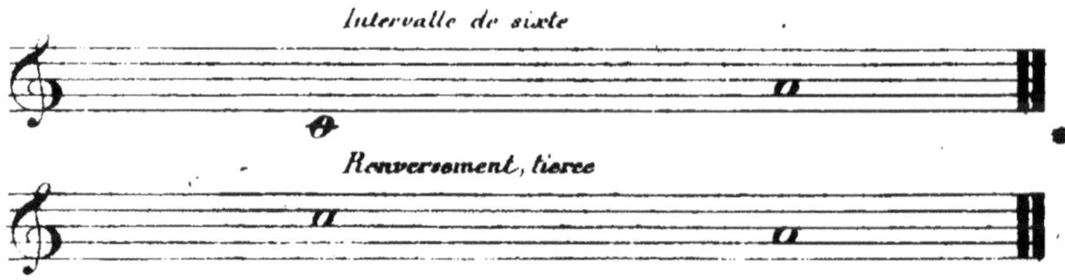

D. Quel intervalle une septième donne-t-elle lorsqu'elle est renversée ?

R. Une seconde.

Exemple :

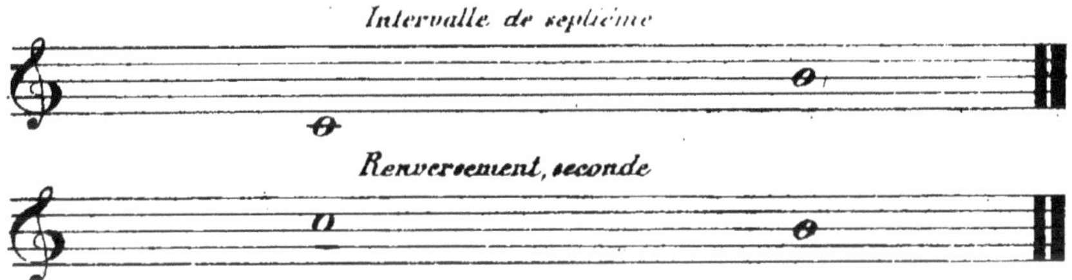

D. Que produit un intervalle d'octave lorsqu'il est renversé ?

R. L'intervalle d'octave renversé produit un unisson, ou sons unis ou semblables.

Exemple :

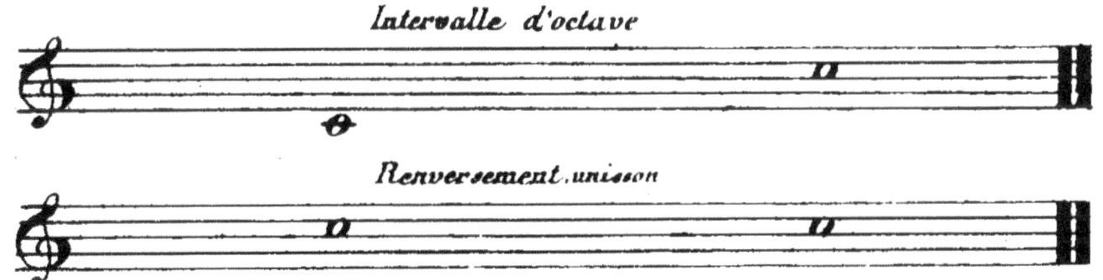

D. Ne peut-on pas présenter le renversement des intervalles par des chiffres ?

R. Oui, on peut le présenter par le tableau suivant qui démontre, de plus, qu'un intervalle et son renversement produisent toujours le nombre 9.

TABLEAU.

1^{son}	2^{de}	3^{ce}	4te	5te	6te	7me	8^{ve}
8^{ve}	7me	6te	5te	4te	3^{ce}	2^{de}	1^{son}
9	9	9	9	9	9	9	9

VINGT-CINQUIÈME LEÇON.

DES INTERVALLES ALTÉRÉS.

D. Peut-on modifier les intervalles.

R. Oui, au moyen des signes altératifs.

D. Donnez un tableau général des intervalles tant naturels qu'altérés?

R. Le voici.

TABLEAU DES INTERVALLES ET DE LEURS RENVERSEMENS.

Suite du TABLEAU DES INTERVALLES ET DE LEURS RENVERSEMENS.

D. D'après le tableau précédent quelle remarque peut-on faire sur les intervalles et leurs renversemens?

R. On doit remarquer que plus l'intervalle est grand, plus son renversement est petit, et on en tire les conséquences suivantes : 1° un intervalle augmenté a pour renversement un intervalle diminué, *et vice versa ;* 2° un intervalle majeur a pour renversement un intervalle mineur, *et vice versa ;* 3° un intervalle juste a pour renversement un intervalle juste.

Enfin un intervalle et son renversement doivent toujours produire, pris ensemble, cinq tons et deux demi-tons.

VINGT-SIXIÈME ET DERNIÈRE LEÇON.

DES NOTES ENHARMONIQUES.

D. Que nomme-t-on notes enharmoniques ?

R. On nomme notes enharmoniques des notes qui, quoique différant de nom, ne doivent pas, dans la pratique, différer d'intonation.

Exemple :

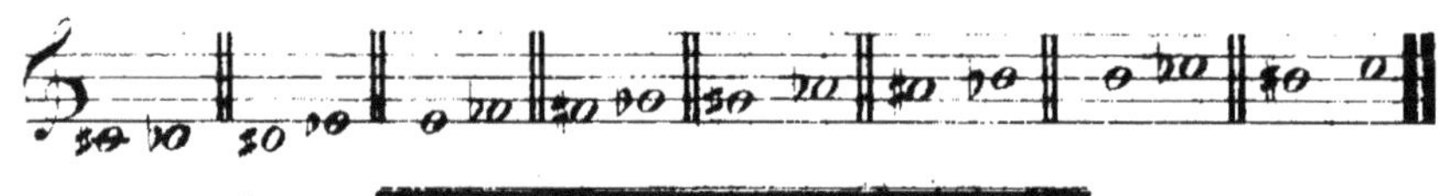

FIN.

Metz. Imp. de S. Lamort, rue du Palais ; — Lithographie de Dupuy, rue des Prêcheresses

www.ingramcontent.com/pod-product-compliance
Ingram Content Group UK Ltd.
Pitfield, Milton Keynes, MK11 3LW, UK
UKHW020410180726
13839UKWH00003B/1288

9 782329 59285